INGRATA REPÚBLICA

y otros asesinatos

SÓLO $ 1.073 rupias más algunas paisas

Patricio Fernández Muñoz

Poetisos al Sur del Mundo

Editorial Segismundo

S

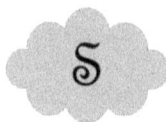

Ⓢ Ⓒ Editorial Segismundo SpA, 2014-2016

* INGRATA REPÚBLICA y otros asesinatos *
Patricio Fernández Muñoz
Colección Poetisos al Sur del Mundo

Primera edición: noviembre 2014

Versión: 1.0b

Copyright Ⓒ 2014-2016 Patricio Fernández Muñoz

Contacto: Juan Carlos Barroux Rojas<jbarroux@segismundo.cl>

Edición de estilo: Juan Carlos Barroux Rojas

Diseño gráfico: Juan Carlos Barroux Rojas

Diagramador de la portada: Juan Carlos Barroux Rojas

Diseñador de la portada: Vicente Gabriel

Fotógrafa de la contraportada: Elizabeth Zúñiga

Registro Propiedad Intelectual Nº 246.897

ISBN-13: 978-956-9544-15-6

En la colección *Poetisos al Sur del Mundo*:

Con un Wantán Atorado en el Alma – Alejandro López Palacios

La Dicha de Amar – Cristtoff Wolftown

De Tierra y Asfalto - Eduardo Alvarez Sánchez

Un Pueblo fuera del Mapa - José Ángel Hogas Novoa

Ingrata República y otros Asesinatos – Patricio Fernández Muñoz

Bocabajo – André Meyer

Hablemos de Ello – Jaime Arenas Saavedra

INGRATA REPÚBLICA

Patricio Fernández Muñoz

"El alma de un guerrillero es sola y oscura, pero siempre hay cabida para la luz"

Manuel Rodríguez.

Es increíble que una mirada, un paisaje, un beso, una fragancia, el tintinear de una melodía, te transporten a tiempos que ya no se vivirán. Porque créanme: EL ALMA SÍ TIENE MEMORIA. Yo morí en una guerra para volver a nacer en otra. Luché incansablemente con enemigos que me inculcaron que brotaban fuera de las fronteras de aquél entonces, arcaica ingrata y nací odiando a enemigos que me inculcaron que brotaban dentro de la República Ingrata. A mis 20 lustros, sigo luchando con enemigos que brotan en esta malditalma y que tienen atrincherado a este estúpido corazón webeta.

Queridos compatriotas, es así como nació la Ingrata República.

Al toque de gong sírvase conectar en red tricontinental y sin cortes comerciales…
Se dirige al país la excelentísima sombra deste patriota que entonará el canto a la Ingrata República que lo parió, reproduciendo en forma completa y suficiente las estrofas del bando, exhibiendo para ello los Violáceos Cardenales que surgieron en su malditalma, en un día cualquiera de una tarde cualquiera, a la hora en que las tristezas bajan y las alegrías quedan relegadas en un rincón del cielo nuestro-nuestro (ni tuyo-tuyo ni mío-mío, ni el de tus enemigos ni el de los míos)
El ardiente Patriota.

NÚMERO UNO: QUE SE INFORMA A TODOS LOS CHILINITOS Y CHILINITAS QUE DEBEN EN NO MÁS DE VEINTICINCO HORAS, FORMAR RONDAS EN LAS PLAZAS PÚBLICAS ¡ALCEN SUS VOCES AFLAUTADAS A LOS CIELOS REPUBLICANOS, HASTA EL ÚLTIMO SEGUNDO DEL TOQUE DE QUEDA! COMENZAMOS CON ESTE EXTENSO CÁNTICO (EL INSTRUCTIVO EXPLICATIVO SE HARÁ LLEGAR A TODOS LOS JARDINES INFANTILES DE TODA NUESTRA REPÚBLICA DU CHILI)

A LA UNA SALE LA LUNA
las madres cepillan los uniformes

A LAS DOOOOOOOOOOOOOS SALE EL SOL
los careguaguas montan sus aviones

A LAS TRES PASA UN TREN
CHUcuCHUcuCHUcuCHUcuchúchúchú
con un cargamento pasáo a Gladiolos

A LAS CUATRO
sangra el Palacio sangra la Alameda
sangran Tribunales sangran Ministerios
sangran las industrias sangran los colegios............
Saaaaaangra todo sangra, saaaaangra todo sangra.
Pero no sangra mi amor, por más lejos que me encuentre
ni el recuerdo ni el dolor, de mi pueblo y de mi gente
y lo que sangró ayeeeer tendrá que sangrar mañana
así como sangro yo en este Chili lejano.

A LAS CINCO
asume el poder un supervillano con capa de héroe
CON SUs estrellitas y SUS MEdallitas
sus cuencas oscuras su fino bigoteeeee
TARATÁN TARATÁN TARATANTÁNTÁN
tantantataaaan tantantatán
ya que llegó la hora fatal de que gobierne este chacal
ya que llegó la hora falta de que gobierne este chacal

A LAS SEIS
tomamos el té con medio Chili bajo los pies
Y MARCHAMOS ZANDUNGUEAMOS
¡¡¡Quédate calláo --- quédate calláo!!!

A LAS SIETE
las Republicanas bajan de sus casas
entregan sus anillos entregan sus collares otorgan sus
diademas
para ayudar a reconstruir la LI-BER-TAD
ANGEL PRISIONERO ANGEL LIBERTADO
En las barrigas de las rupias
los niños comprar dulces
se llenan ya de caries
se llenan de temoreeees

A LAS OCHO
TOQUE DE QUEDA
-Shhhht-shhhht-   guarden a sus niños guarden sus
                      mascotas
-Shhhht-shhhht-   te lo meto despacito
-Shhhht-shhhht-   reza más bajito pa que no escuchen
los mi-li-cos

                    ...POR MI CULPA
               POR MI CULPA
          POR MI GRAN CULPA... **SHHHHHHHHHHHHHHHHT**
               SHHHHHHHHHHHHHHHHHHHT
     SHiiiiiiiiiiiiiiiiLi la alegría ya vieeeene

          CHiLi la alegría ya viene

A LAS NUEVE BROTA EL ARCO-IRIS
¡PROMETEN Y PROMETEN HASTA QUE LO METEN!
LOS MISMOS DELINCUENTES CON BANDA TRICOLOR
LOS MISMOS MENTIROSOS CON BANDA TRI-CO-LOR

A LAS DIEZ
MI CHILI AMADO MI CHILI ULTRAJADO MI CHILI TRAICIONADO
SHHHHHHT ... SHHHHHHHT ... SHHHHHHT
*Sintoniza bien la radio que quiero escuchar al Compadre
Crazy en una galaxia muy lejana*

*La vidaaaaaa es una carretera con mucho polvooooo y
fronteras...*

NÚMERO DOS: A TODA LA CIUDADANÍA SE INFORMA QUE LOS AVISTAMIENTOS EN DISTINTOS RECOVECOS DEL TERRITORIO AÉREO DESTA REPÚBLICA, NO SE DEBE A NINGUNA POSIBLE INVASIÓN ALIENÍGENA. SON GLOBOS AEROSTÁTICOS. LOS PLATILLOS VOLADORES NO EXISTEN. EL COMANDANTE SHAKTI KUNDALINI ES UN ALARMISTA ALTAMENTE COMBUSTIBLE.

Las Oficinas Meteorológicas señalan que el pronóstico del
tiempo para esta última tragedia
será de explosivos amaneceres marca ACME
que habrá fuga de constelaciones y otros tantos
armatostes estrellados
que es mejor poner pestillo para que el ángel de la muerte
no derribe la puerta
que habrá intermitentes paseos otoñales que luego se
convertirán en costumbre
que arrastraremos un océano de hojas secas por todas
las calles desta República
que amar sabrá a popurrí de poco tiro que no-amar sabrá
a bendición

NÚMERO TRES: QUE SE DEJA EN CLARO EN FORMA CATEGÓRICA QUE DESDE NUESTRO PRIMER LLANTO, TODOS Y CADA UNO DE LOS CHILINOS Y CHILINAS DEBEMOS TRIBUTAR. DE AHÍ LA IMPORTANCIA DE TENER UN NÚMERO QUE IDENTIFIQUE TANTO A LOS NACIDOS VIVOS COMO A LOS NACIDOS MUERTOS.

Naciste todo púrpura en esta Ingrata República
y ella te recepcionó con sus alas enlutadas
desató el nudo del cordón umbilical enredado en tu
desfiladero
como si fuese la corbata de luto del Gran Papi
enunamañanacualquiera   deundíacualquiera
en el año en que Salvador Allende
derramó las rojas y burbujeantes Alamedas por sus gafas
en el año en que los cadáveres ocuparon las gradas del
Nacional
esperando temerosos el comienzo del partido

...era el año en que el Gran Papi noche a noche se subía a
una camioneta con rumbo desconocido y volvía a casa
todo triste y sin ganas de conversar...

NÚMERO CUATRO: QUE EN ATENCIÓN Y DADAS LAS CIRCUNSTANCIAS Y ESA TRISTEZA QUE CARGA EL PATRIOTA, SE LE OTORGA PERMISO ESPECIAL Y TRANSITORIO PARA ENTONAR POR ESTA ÚNICA VEZ ESA QUEJA MILENARIA, DE CARA A TODA LA REPÚBLICA QUE LO ARRASTRÓ DESDE SUS HUEVOS HASTA DEPOSITARLO TODO ADOLORIDO EN SUS TERRITORIOS.

Crucé mil ríos para volver a brotar en tu piel de gallina
cuando aún el Gran Papi no clamaba asilo
en los tugurios y topless de San Abelardo
con cientos de sellos postales dispuestos a bombardear
ésta mi malditalma
en ésta mi Ingrata República
que alguna vez fue cruzada por extensas Alamedas
libres de culpas y engaños
BRINCÓ TRINCHERAS BURLÓ DELATORES
la Gran Mami cruzó oculta con dolores de parto esta
ciudad sitiada
mis entonces pequeños hermanos se quedaron en casa
recortando rondas y rondas de ene punto ene de los
bandos militares
con los bolsillos llenos de rupias de chocolate y promesas
cinematográficas
en este país cubierto de escombros y tumbas y tumbas
improvisadas
TUMBAS DESÉRTICAS TUMBAS OCEÁNICAS
TUMBAS BOSCOSAS   TUMBAS CORDILLERANAS
¡Por la cresta   por todas partes tumbas y tumbas
improvisadas!
Amar en estos tiempos era un riesgo letal con olor a
campozanto
Por eso tramé cobarde saltar metálico sobre la mesa de
partos
para asesinar a la Matrona que sentí sarcástica
para asesinar a cada Arsenalera encapuchada
y que lucharon a lo bonzo para que yo me amamantara
del cariño inusitado de la Gran Mami

Luego
colgado como un trofeo púrpura de los guantes desta
Ingrata República
y con una violencia adquirida tras el charchazo militar
me nombraron soldado raso con una palmá en el culo

Crucé mil ríos para volver a brotar en tu piel de gallina
¡No quiero morir en otro nuevo canto!
Por eso borro insistentemente el avatar que cuelga del
dedo gordo de mi pie oficialista

el Bolígrafo Rebelde...

¡No quiero que me reconozcan en la morgue quienes no
me amaron!
Prefiero gravitar   eternamente gravitar
¡LO JURO!
en un frasco con formol

INGRATA REPÚBLICA
TU ME ENRROLASTE EN TUS FILAS
AHORA HAZTE CARGO DE MI CADÁVER
¡¡¡¡Cúbrelo con tu puto cielo   con tu puta zangre   con tu
puto océano   con tus putas nieves y haz que tu puta
estrella solitaria sea vigía perpetua para que no vuelva a
resucitar otra vez en tus tierras!!!!

INGRATA REPÚBLICA MÍA... ¿Elohi, Elohi, rexuxa lema'
šebaqtani?

NÚMERO CINCO: QUE NO SE CEDERÁ NI UN TROZO DE TIERRA, MAR O CIELO A NINGUNA OTRA REPÚBLICA, SALVO QUE SE EXTIENDA UN CHEQUE NOMINATIVO Y CRUZADO ESPECIALÍSIMO A NOMBRE DE ALGÚN MIEMBRO DESTA JUNTA INTERVENCIONISTA O EN SU DEFECTO, A ALGUNO DE SUS FAMILIARES.

"Los Gobiernos du Chili y Perú, para conmemorar la consolidación de sus relaciones de amistad, resuelven erigir en el Morro de Arica un monumento simbólico sobre cuyo proyecto se pondrán de acuerdo"

Artículo 11° del Tratado de Paz y Amistad entre Chili y Perú de 1929

Ahí estás, Crizto de la Concordia, dando la espalda a la ciudad ¡Tantos años estuviste bocabajo en un patio del Regimiento Ingenieros N°6 Fuerte Azapa! y hoy, con tus brazos extendidos, intentas ejecutar un salto de fe por el cumplimiento de antiguos tratados firmados y ratificados por estos pueblos en conflicto.

Yo te observo mientras los Sabios de Ur beben conmigo y me relatan cómo pronto habrá una lluvia de asteroides sobre esta República. Luego me cuentan que la próxima fanfarria abrirá un nuevo portal en la Pampa del Tamarugal; que no existe mapa más fidedigno que los pálpitos herróneos que a veces sentimos los esteparios. ¡Brindamos y descorchamos ejércitos de botellas! Una tras otra, una tras otra, formamos mosaicos de cristal sobre el Morro. Tú nos observas, quieres bajar a beber con nosotros y confesarnos que temes dar vuelta tu rostro hacia la ciudad: no quieres saber que te hemos abandonado ¡POBRE CRIZTO DE LA CONCORDIA! -Te digo divertido observando cómo bailas mambo al filo de mi copa de cristal- ¿Qué acaso tan aweonáo eres para no darte cuenta que hace un siglo jugamos al cacho para ver quién se hará acreedor inmortal de tus harapos?

NÚMERO SEIS: NO SE DESCARTA LA POSIBILIDAD DE CONTRATAR EXPERTAS MUJERZUELAS PARA ENTRETENER A LOS QUE SIGUEN EN LAS TRINCHERAS ALMÁTICAS, PROTEGIENDO LA PAZ DE SUS PROPIOS SUEÑOS, QUE DECANTAN TODOS Y CADA UNO DE ELLOS EN EL SUEÑO REPUBLICANO. TODOS PERTENECEMOS A LA MISMA PARTUSA.

Paro tricontinental e indefinido de gárgolas mensajeras:
No se reciben promesas de amor por estos días
ni propuestas de citas a ciegas para follar
todos dormiremos estas noches masturbándonos
y el Gobierno de turno   como siempre   ni siquiera
nuestras sábanas lavará

Somos un S.O.S. que navega en zig-zag más allá de las 12
millas marítimas
somos un pálpito perdido en el Google Hearth
no importando la militancia ni los credos religiosos
tal como lo reveló aquella vez con unas copas de más el
mismísimo Doxtor Bombay

NÚMERO SIETE: QUE SE DICTAMINA LA POSIBILIDAD DE EXORCISMO BAJO EL ALERO DE CUATRO PAREDES, JAZZ SICODÉLICO, UNA CAJETILLA DE PUCHOS ASESINOS, UN BOTELLÓN DE RON PURGATORIO Y UNA RUPIA DE COBRE LANZADA A LOS CIELOS REPUBLICANOS, POR ESTA ÚNICA Y EXCLUSIVA OPORTUNIDAD.

SOY UN COMPENDIO DE HERRORES Y DESACIERTOS
el pendejo cabrón que escribe sobre traiciones
paraísos inconclusos y dragones fragmentados
Soy esa rupia antigua
que gira y gira en la fuente sideral de la fortuna

CARA O SELLO CARA O SELLO CARA O SELLO

¡Jamás se sabe el dictamen destos cielos!

NÚMERO OCHO: QUE SE DETERMINA DE QUÉ MANERA SALDRÁ EL SOL Y DE QUÉ MANERA ÉSTE SE ESCONDERÁ EN TODA LA REPÚBLICA DU CHILI, FIJÁNDOSE UN PENTAGRAMA OFICIAL PARA ENTONAR EL HIMNNO PATRIO CON TODAS SUS ESTROFAS DEGOLLADAS A FUTURO Y AQUELLAS QUE SE OLVIDARON CON EL PASAR DE LOS REGÍMENES PRESIMONSTRUALES.

La Ingrata República cambia de dueños y seguimos con el
mismo overol
sólo parpadean otras estrellas en nuestros hombros
seguimos siendo un pálpito perdido en el Google Hearth
que de rato en rato cambia de caja torácica
como la viuda lo hace de vestido floreado a noctámbulo o
viceversa
de acuerdo a los reglamentos internos de la soledad con
efecto retroactivo
en-una-tarde-cualquiera en-una-noche-cualquiera
ocasiones paramar faltan en las calles de la Capital de la
Ingrata
A veces nos sorprende a veces
el eco de un abrazo o de un saludo extoplasmático
se oye un botellón vacío salivando en las aceras
las tiendas
los raspacielos
las galerías
los subterráneos
y el medallón de moteles iglesias farmacias y
supermercados
que han sitiado nuestra ciudad

¡Es el pálpito melancólico del que alguna vez me
habló el Doxtor Bombay!

NÚMERO NUEVE: QUE NO SOMOS INDIFERENTES ANTE LAS PATALETAS DE LAS CÉLULAS MÁS IDEALISTAS DE NUESTRA SOCIEDAD. POR ELLO EL SECRETARIO JENERAL DE ESTA JUNTA INTERVENCIONISTA HABLÓ AL RESPECTO SOBRE EL TEMA POR EL CANAL OFICIAL, DEJANDO EN CLARO A LA CIUDADANÍA QUE RECONOCEMOS QUE NO ES UNA HIPÓTESIS QUE EN UN FUTURO MUY PERO MUY LEJANO, SE SOLICITARÁ LA BEATIFICACIÓN DE CIERTOS PRÓCERES DU CHILI.

"Cuando ustedes y los amigos me recuerden, crean que mi espíritu, con todos sus más delicados afectos, estará en medio de ustedes."

Testamento Político de José Manuel Balmaceda

Balmaceda fue el primero en esta República Ingrata, que utilizó un Revólver Solución Final paracabar con todas sus penas patrióticas, el último día hábil de su mandato en la Legación Argentina.

Jamás pensaron sus adversarios que en el Siglo XXI, sería la únicanimita con banda presimonstrual.

GRACIAS POR FAVOR CONCEDIDO

NÚMERO DIEZ: QUE ESTA JUNTA INTERVENCIONISTA PROTEGE EL DERECHO DE LA NACIÓN, PERMITIÉNDOLE QUE RECUERDEN, QUE SIEMPRE RECUERDEN AQUÉLLAS EFEMÉRIDES QUE LA CONVIRTIERON EN LO QUE AHORA ES: UN BECERRO CON OJOS EXTRAVIADOS BALANDO EN TODO EL TERRITORIO CUBIERTO DE INFIERNOS Y SILENCIOS.

La fugaz respiración en tu cuello que lo tuerce de raíz
el zumbido persistente de tenerte cerca para no perderte
otra vez
y tu Papi que barre las escamas de su piel
y tu Mami que friega los manteles fúnebres
y tu lejos muy lejos
como un vestido de bodas a medio consumar

Bordeamos las líneas férreas en sentido contrario
y dice el poeta analfabeto   lo dice con esa voz prestada:
Estático y temerario como un andamio indefenso
y cae un macetero sin final feliz
No te veo   preciosa mía   no te veo
y achino aún más los ojos
y te busco entre tanto raspacielo suelto
y siento girasoles en mi almohada
los siento cuando transito vespertino por el Babilonia-
Center
cuando sumerjo mi cabeza en una ventana de un topo
centelleante
cuando recorto lonjas de mi sudario paralimentar a las
gárgolas
que insisten en coronar mis cabellos con gargajos color
esperanza

Todos los días todos los días de mi vidaflixtiva el silbido
crece y crece
como el de un Búfalo a punto de lanzarse al barranco
y de a poco me transformo de a poco en un pararrayos
tornasol
y me vuelvo blanco y mímico desesperado
y me vuelvo rojo-puto-intenso de fácil entrega
y a veces me vuelvo dorado ¡Sí Dramático Dorado!
como el plumaje de un ave fénix sin cenizas qué repartir
y a veces me vuelvo azul gravitando irónico alrededor del
Gran Arquitexto del Caos
y otras veces me vuelvo anaranjado
como la cera pegada en las tablas de un Salón de Baile de
una Oficina Salitrera a medio olvidar
y otras veces me vuelvo verde prófugo y selvático
y otras otras veces me vuelvo plateado
como la coraza de un Legionario Romano pintada a dedos
con témpera prescolar
y hay noches (créanme que no lo evito)
me vuelvo negro abismático y sin posible retorno

NÚMERO ONCE: QUE EN CUANTO AL CASO LLEGADO A NUESTRO PALACIO DE GOBIERNO, ESTA JUNTA INTERVENCIONISTA DICTAMINA LO SIGUIENTE: CON FECHA DEL DÍA DE HOY Y A LA HORA DEL AGUARDIENTE Y TENIENDO EN VISTA Y CONSIDERANDO QUE A CONFESIÓN DE PARTE, RELEVO DE PRUEBA Y CON EL FIN DE AGILIZAR OTRAS CAUSAS PENDIENTES, AUTOS PARA RESOLVER.

A los trece años
fui Católico-Apostólico-Románico
fui el coleccionista de tanto mártir y zanto de yeso
era otro vampiro esperando beber del cuello del Crizto
y aún así al Gran Papi negué más de tres veces
que no era yo quien saqueaba sus cajetillas Windsor

POR MI CULPA POR MI CULPA POR MI GRAN CULPA

NÚMERO DOCE: QUE EN ATENCIÓN A QUE ESTA REPÚBLICA SABE QUE LO ÚNICO QUE MANTIENE CON VIDA A UN PATRIOTA, ES LA AGONÍA INDELEBLE, NOS COMPROMETEMOS, DESDE LA MÁS TIERNA INFANCIA, DE PROVEERLOS A TODOS Y A CADA UNO POR IGUAL, CUMPLIENDO CON EL DERECHO A LA IGUALDAD DE LAS MASAS, CONTENIDO EN EL ARTÍCULO ÚNICO DE NUESTRA CARTITA FUNDAMENTAL DE DERECHOS INHUMANOS, YA QUE ES LA ÚNICA MANERA DE ALIMENTAR ESA RABIA NATURAL, LA QUE PERMITE MANTENER INCÓLUME LAS FRONTERAS DESTE CHILI TAAAAAN NUESTRO-NUESTRO.

Sentencio
desde hoy comienzan
las noches más largas y solitarias de la historia de mi
vidaflixtiva
y entiendo
entiendo que no puedo imaginar musas donde no las hay
por más que desarme mi camastro y lo vuelva a armar
por más que olfatee las sábanas para impregnarme del
ámbar pretérito
Entiendo
Entiendo que los versos índigos no se pueden acallar
ilmposible se torna resistir el bullying de toda esta
soledad!

Sentencio
que estas noches serán las más largas y solitarias de la
historia de mi vidaflixtiva
y mi eco me derrumba como si fuese un paco que lanza de
hocico al delincuente infraganti
y mi féretro se vuelve monótono
y por más que me acomodo en él
el fieltro carmesí se pega a mí como si fuese una segunda
piel

Sentencio
que estas noches serán las más largas y solitarias sin
ninguna musa paramar
porque... la herida está fresca:

GOTEA LA BESTIA EN EL CAMASTRO
SE QUEJA LA BESTIA EN LE CAMASTRO
SE DUERME LA BESTIA EN EL CAMASTRO

NÚMERO TRECE: QUE ESTA JUNTA DETERMINA QUE NO DEBE EXISTIR LAMENTO O QUEJA ALGUNA CON RESPECTO A ESTA TIERRA QUE NOS ALBERGÓ DEL HAMBRE O DEL FRÍO ¡TODO PATRIOTA DEBE AMARLA A DESTAJO! EL GRAN ARQUITEXTO DEL CAOS ES NUESTRO FARO REDENTOR EN ESTA TAREA DE SUPERVIGILAR EL RESPETO AL NOMBRE DE NUESTRA PATRIA.

¿ELOHI, ELOHI, LEMA´ ŠEBAQTANI INGRATA REPÚBLICA MÍA?
¿POR QUÉ REXUXA ME HAS ABANDONADO?
¿No era yo quien cada 7 de Junio me vestía de soldadito?
¿No era yo quien cada lunes entonaba tu *puro Chili es tu cielo azulado?*
¡Recibía el cuerpo y la zangre del Crizto sólo para salvarte!
¡Muchas veces me inmolé en silencio para que pudieras progresar en paz!
¡Me confesaba en tu nombre con la vergüenza que siente un hijo por sus próceres!
¡Pinté y rellené con arroz, garbanzos y lentejuelas tus romboides nacionales!
Y aún así abandonaste a este patriota
a este pálpito huacho   a este silbido torácico
enunabancacualquiera   deunparquecualquiera
con una noche equilibrista en la punta de un pucho prohibido
¡ESPECTRO PATRIÓTICO! –GRITO FUERTE–
y los ojos de quienes amé salen de sus sepulcros
para conservar mis sueños con la textura de aquellos primeros tiempos
en donde no existía carro alegórico o preocupación alguna
DE ENVEJECER CON HONOR O MORIR CON GLORIA

NÚMERO CATORCE: QUE ESTA JUNTA INTERVENCIONISTA RECONOCE A TODA COSTILLA QUE SÍ EXISTEN OCASIONES PARAMAR EN ESTA REPÚBLICA DU CHILI, SIN NECESIDAD DE PROMESAS DE FIDELIDAD ETERNA.

Patricio Fernández Muñoz

"Nuestro cliente tiene su teléfono apagado o se encuentra fuera del área de cobertura. Por favor, deje su mensaje en buzón de voz"

Soy una cardiopatía ululando en los intestinos del Babilonia-Center
antes del almuerzo chatarra en el Portal Fernández-Conchasumare
He llegado al Tunguntú-Night:
Ese corazón que no nos pertenece
reproduce el eco sicotrópico
del amago paramar bajo la barra

MI CELULAR VIBRA-VIBRA BAJO MI SOLAPA * VIBRA-VIBRA BAJO MI SOLAPA * VIBRA-VIBRA BAJO MI SOLAPA Y NO CONTESTO NO CONTESTO

Una nueva llamada perdida
MODO VUELO

- 48 -

NÚMERO QUINCE: QUE PARA SER FELIZ EN ESTA REPÚBLICA GENEROSA, SE DEBEN LLENAR LAS FORMAS PARA EVALUAR SI EL PATRIOTA CUESTIONADO CUMPLE CON LOS REQUISITOS PARA LLAMARSE BENEFICIARIO VITALICIO DE LA COPIA INFELIZ DESTE EDÉN.

Imperativamente intenté ser feliz en esta República Ingrata
por ello anoté las recetas de la Abuela Gansa en mis muñecas que sangraban por nada
por ello confabulé con mis fantasmas para convertir versos complejos en caricias noctámbulas
y esperé por ella pero cagáo de frío en una garita abisal
y ahí quedé como un Profesor Normalista esperando el pago de la deuda histórica
y ahí quedé como el parpadeo de un viudo que espera lanzarse a las ruedas de la carroza fúnebre de su Killer-Queen
y ahí quedé como el candidato presimonstrual que se pasea insistentemente por el patio de los naranjos

Imperativamente intenté ser feliz en esta República Ingrata
utilizando artilugios y coimeando satanáses en los arrabales
jugando alquímicamente con mi mierda para ver si transmutaba en mariposas
escarbando en los imperios que reventaron como guatapique sobre mis zapatos nuevos
deambulando con un cirio gubernamental por todos y cada uno de los campozantos desta República
iera el ave herida que trinó en el cableado eléctrico de tu titánica memoria!
desa memoria que todo lo cubre
que todo lo cubre
y no deja vivir

NÚMERO DIECISÉIS: QUE QUIEN SEA SORPRENDIDO OFRENDANDO PANEGÍRICOS A MUJER REVOLUCIONARIA, SERÁ ENTERRADO VIVO JUNTO A SU MUSA EN MEDIO DEL DESIERTO DE ATACAMA, PARA QUE ESE MAL PARIDO AMOR SEA BORRADO DEL MAPA. TODO ES POR EL BIEN DE LA NACIENTE REPÚBLICA.

Oh, Gloriosa Dama de Bien   bendición silente
Alteza ecuánime del cosmos deste Valle
consuelo ardoroso destos parajes azotados por la luz de
tu diadema
aquí tu ancestral siervo tu ancestral héroe tu ancestral
guerrero
ha recorrido kilómetros de vidas para llegar a tu altar
y sin ser digno de ti te exijo que seas mi herida   mi
estandarte mi redención divina
¡Permitidme atentar contra tu indómita belleza!
¡Alcanzar quisiera refrescarme en tus labios!
Sin ser digno de ti concededme un momento sagrado y
nombradme tu Leal Caballero
hazme tu cómplice en tus aposentos
¡hazme tu esclavo tu monarca tu todo!
¡MONTES MISTRALIANOS LOS INVOCO!
¡SEAN TESTIGOS CONTESTES DE LO QUESTA NOCHE
PROFESO!

NÚMERO DIECISIETE: QUE A RAÍZ DE ERRADICAR CUALQUIER ALZAMIENTO EN CONTRA DEL BIEN COMÚN DE LA REPÚBLICA QUE NOS PARIÓ, SE POSIBILITA LA EJECUCIÓN DE REVOLTOSOS A LA SOMBRITA DE NUESTROS PRÓCERES.

Quisiste perforarme el corazón o volarme los sesos en tu
nombre
quisiste que gritara una consigna en tu contra o a tu favor
quisiste de mi un acto patriótico estúpido y rebelde
pero no estaban las condiciones –otra vez- de entregarte
mi vida
Por eso -sin derecho a defensa ni proceso juzto-
me retuviste en tus mazmorras naturales
a la sombra de un Sacerdote Católico-Apostólico-
Románico
enseñándome de norte a sur
tu cuerpo tatuado de zantos de vírgenes y de otras
chucherías destilando milagros

*"MIRA CÓMO CANTAN LOS ÁNGELES EN LOS CIELOS DESTA
REPÚBLICA
QUE TAMBIEN ES MÍA-MÍA TUYA-TUYA NUESTRA-NUESTRA"*

-me   decía   el   Sacerdote   obligándome   a   tragar
amaneceres-
y luego como una scort de la Calle San Arrabal
bañaba mis pies con tus ríos y lagos
y luego los secaba con su alba y los besaba con
penitencia.

NÚMERO DIECIOCHO: QUE SE DEBEN RECOLECTAR LAS RUPIAS LANZADAS A LA FUENTE DE LOS DESEOS IRREALIZABLES Y REUTILIZARLAS, CONSTRUYENDO CARRETERAS, HOSPITALES, IGLESIAS, MUNICIPALIDADES, SALSOTECAS Y UNO QUE OTRO CAFÉ CON PIERNAS.

A TI, MI INÉS DE SUÁREZ.

"Gracias, por la tregua, que le diste a mi existir. Gracias, por la forma de hacerme ver que yo... también sé de amor"

Oscar Andrade

Somos ardientes patriotas en este bardo con vista al mar
por eso acudo a tu encuentro en la plaza de los
ExPresidentes
y bajo la manga que proyecta el disparo de José Manuel
Balmaceda
vuelves a prestar auxilio a este suicida innato

"Debemos rendirnos – me dices exhausta-
¡Toma mi corazón como trofeo de guerra y exhíbelo en tu
naciente República!"

Hundo mi espolón más abajo de tu proa
dejo caer mi sable   ¡abandono a tu suerte mis canalladas!
me entierro en ti por esta patria-patria
ni tuya-tuya ni mía-mía
y aún así esta Ingrata República
es nuestra fugaz tierra prometida
quizás por eso lo escribías con tus uñas rojas en mi
espalda
era tu intento profano de obtener mi esperma bendita

Nos quedamos lúgubres y malheridos en el campo de batalla

¡Los gloriosos orgasmos aún flotaban en nuestras memorias!

Luego me dijiste que me buscarías pero en otra República porque en ésta jamás nos pertenecimos el uno al otro

...de ahí nació el intento homicida de huir de mí cabalgando sobre ti...

NÚMERO DIECINUEVE: QUE CADA DOMINGO A PRIMERA HORA, SE DEBEN CUBRIR DE FLORES LAS TUMBAS DE QUIENES NO ESTÁN CON NOSOTROS. PARA ESO LA FUERZA PÚBLICA DESTINARÁ PERSONAL EXTRAORDINARIO PARA SUPERVIGILAR EL TRÁNSITO A LAS ACRÓPOLIS DE TODA LA REPÚBLICA. QUEDA E-S-T-R-I-XXX-T-A-M-E-N-T-E PROHIBIDO FORNICAR O COMETER DELITO ALGUNO EN LA HORA DE LA HONRA DE LOS MUERTOS PARTICULARES.

Sin dar explicaciones   huiste
tan enorme y mudo como un horizonte tortuoso
y tu nudo en la garganta parecía un chirrido ilegible
un salmo metálico!   Un alfabeto imposible!

Con tus alas doradas huiste enorme mudo
sin reparar las grietas en el techo de la casa
Sin el beso sacramental de buenas noches en mi frente
sin decirle a tu gente donde escondiste tu canto
abintestado

¡HUISTE TOTALMENTE MUDO DESTA REPÚBLICA INGRATA!

Por eso de vez en cuando me visto de noche
pinto mi rostro con lágrimas a mansalva
con mis dedos extiendo mis ojos para verte mejor
y salto con gracia la puerta del campozanto
¡Doblo cruces para no olvidar como salir!
y me camuflo entre tanto maustroleo pomposo
entre tanto huevo sin resurrección
entre tanto gorgoteo mortuorio
entre tantos remolinos y peluches fúnebres
¡Esos ositos polvorientos no dejan jamás de sonreír!

TOTALMENTE PROFANO TOTALMENTE LÚCIDO

Lanzo camotes a los ángeles custodios e ingreso en tu nicho

A PUNTA Y CODO A PUNTA Y CODO

– mi objetivo no es hallar respuestas-

A PUNTA Y CODO A PUNTA Y CODO

 – éstas se fueron contigo al vestirte de galaxias-

A PUNTA Y CODO A PUNTA Y CODO

– sólo espero el beso sacramental que me adeudas-

A PUNTA Y CODO A PUNTA Y CODO

- me arrastro como un gusano relleno de esperanzas-

A PUNTA Y CODO A PUNTA Y CODO

- doy con tu nicho herméticamente hermoso

y lo arrastro con lágrimas y dientes al hemisferio más cálido desta República

Me persigno   lo intento recordar   ¡Por ti lo intento!

y te rescato amortajado y reviso tus bolsillos

¿Por qué mis manos sudan tantas medallas culpables de tu tragedia?

TOTALMENTE PROFANO TOTALMENTE LÚCIDO

       -me repito atropelladamente-

aún no es el momento de hablar de nuestras heridas...

quizás sea cuando los cielos terracotas

se cubran del aletazo gris de las mismas gárgolas que insisten en coronar mis cabellos con gargajos color esperanza

quizás sea cuando las rupias de plata dejen de cubrir tus
párpados
Por ahora junto lo que de tus huesos queda y construyo
una capilla
y como un niño moquillento me acurruco en su ombligo
TOTALMENTE PROFANO TOTALMENTE LÚCIDO
Soy un huacho que espera la bendición paterna

NÚMERO VEINTE: QUEDA A MERCED DEL ATARDECER LOS PERDONES A QUIENES NOS CAUSARON DAÑOS ALMÁTICOS. LA INGRATA REPÚBLICA SE RESERVA EL DERECHO DE LANZAR WAJASWAJAS PROGRAMADOS A LOS QUE ENTREGAN POR INFINÉSIMA VEZ SU CORAZÓN EN LLAMAS A QUIENES LO TASARON A PRECIO DE HUEVO.

En el puente de la infamia permanecimos monosilabáricos tu y yo incompletos en esta República que ya no es nuestra-nuestra
¡NO BASTA CON UN BESO PARA RENOVAR OTRO PERÍODO DE MALAMOR!
Así me dijiste herida
PRISIONERA COMO UNA PRINCIPEZZA LEIA EN UN MENSAJE DE ESEOESE CON AMATORIAS INTERFERENCIAS... CON AMATORIAS INTERFERENCIAS... CON AMATORIAS INTERFERENCIAS... CON AMATORIAS INTERFERENCIAS... CON AMATORIAS INTERFERENCIAS... CON AMATORIAS INTERFERENCIAS... CON AMATORIAS INTERFERENCIAS... CON AMATORIAS INTERFERENCIAS... CON AMATORIAS INTERFERENCIAS... CON AMATORIAS INTERFERENCIAS.. CON AMATORIAS INTERFERENCIAS... CON AMATORIAS INTERFERENCIAS... CON AMATORIAS INTERFERENCIAS... CON AMATORIAS INTERFERENCIAS... CON AMATORIAS INTERFERENCIAS... CON AMATORIAS INTERFERENCIAS...

NÚMERO VEINTIUNO: QUE ANTE LOS SUCESOS ESCANDALOSOS QUE SUCEDIERON EN PALMILLA, SE ACLARA EN FORMA IMPERATIVA QUE LA SOMBRA QUE SE VIO CABALGANDO NO ES LA DEL JENERALÍSIMO DESTA REPÚBLICA DU CHILI, YA QUE A ESAS HORAS CABALGABA SOBRE UN PUMA LANZANDO ZARPAZOS Y LENGUETAZOS CRONOMETRADOS POR TODA LA COLUMNA VERTEBRAL DE NUESTRA PATRIA-PATRIA. SUS RUGIDOS INCENDIARÁN, SIGLOS DESPUÉS, LAS SALAS DE LA SUPREMA CORTE DE JUSTICIA.

Es de cinco grados infernales la mínima en Palmilla
por eso la Salamandra relincha Satanáses
se asoman en el vértigo de las hojas uniformes
en el pardo gemir de las alamedas cerca del Tinguiririca

"*LAS HORAS OSCURAS TEJEN SILUETAS EN LOS CAMPOS*"
Dice Zurita subrayando fórmulas irrefutables
que se pierden en el páramo azulado
No oye el galope libre y desquiciado del care-cacho
ni siente el crepitar de los tendones y venas de su poncho
ni que derriba quiltros a su paso
ni tiene ojos suficientes para contar sus dientes de oro
ni entender la mecánica de sus espuelas de plata
ni que elegantemente con una garra se aferra
a la crin de su corcel en llamas
y con la otra sujeta un saco
que gotea cincuenta contratos suscritos
con la sangre fresca de los lugareños
ni que se detiene en la gruta carcomida de la zanta
patrona
la virgen-superestar la madre inmaculada
y que se arrodilla ante ella y le dice:
"*MAMACITA LLEGUÉ A CASA   FORNICA CON TU HIJO
PRÓDIGO*"

Una carcajada detona oraciones en cada casa habitada
¡ZURITA LO SABE LE ARDE SU MEJILLA IZQUIERDA!
se masturba de cara a la obra del Gran Arquitexto del
Caos
y reza una simple fórmula matemática
PADRENUESTROQUESTÁSENLOSCIELOS (más)
SANTIFICADOSEATUNOMBRE (es igual) **VENGA-A-**
NOSOTROS-TU REYNO
Y LA REPITE
　　　　　LA REPITE
　　　　　　　LA REPITE
　　　　　　　　　Y LA MEJILLA LE HIERVE
　　　　　　　　　　　LE HIERVE
　　　　　　　　　　　　　LE HIERVE

NÚMERO VEINTIDÓS: ESTA JUNTA HABILITA LA PÉRGOLA DE LA PLAZA DE ARMAS DE SANTIAGO DU CHILI PARA REALIZAR EJECUCIONES PERSONALIZADAS A QUIENES SE DEJEN TENTAR CON SER FELICES DE RAÍZ. PRIMERO DEBEMOS TRABAJAR POR EL BIEN COMÚN DE LA REPÚBLICA Y LUEGO LLENAR LAS FORMAS PARA POSTULAR A BENEFICIO REBOSANTE DE CARRUSELES Y OTROS DELEITES FANTASILANDÉZCOS.

Desde el patíbulo observo la que fue mi casa
más allá de las cabezas altas y los sombreros de copa
más allá de los campanarios sumergidos en las tinieblas
más allá de las papadas cardenalicias
más allá del brillo de la guillotina libertaria fraternal e
igualitaria
más allá del serpenteante cableado de los matinales de
televisión
más allá del redoble de tambores del Orfeón de la Fuerza
Aérea du Chili
observo la que fue mi casa
e imagino a la Gran Mami comprando carne hilachienta pa
la cazuela
e imagino el alma en pena del Gran Papi
perdido en el deletreo de los Hawker Hunter de un forever
Septiembre
e imagino a mis hijas planchando la mortaja para que en
ella resucite
INGRATA REPÚBLICA MÍA: ¡Este terco patriota muere por ti
otra vez!
¡Hablaste de sedición y firmaste con tu mosca mi orden
de ejecución inmediata!
Y mientras tu himno sonaba fúnebre por los nueve
portales de mi apocalipsis
me apuntaste con tu dedo ejecutor en cadena
tricontinental y efectista dijiste:
*JAMÁS AL TRAIDOR OTORGA ESTA REPÚBLICA NI PRESIDIO
EFECTIVO NI INDULTO PRESIMONSTRUAL!*
FUE ASÍ QUE ME CONDENASTE A MI PENA PRESCRITA: TU
MUERTE.

NÚMERO VEINTITRÉS: QUE ES DE PROHIBICIÓN ABSOLUTA TODA PROTESTA POR CUALQUIER CAUSA QUE SEA, AÚN ESGRIMIENDO QUE SE PROTESTA POR EL BIENESTAR DE LA REPÚBLICA. SE CASTIGARÁ CON LA REENCARNACIÓN INMEDIATA.

A pesar de que mi cicatriz
es sutura firme al noroeste de mi pecho gatillado
de vez en cuando sangra como la tuya
Más de una vez explotó creciente
en una marcha pacífica por tus alamedas extoplasmáticas
Las camaritas de paz-ciudadana
sólo detectaron la algarabía de encapuchados y pancartas
de señaléticas enquistadas en el asfalto
de neumáticos que giraban incendiarios hacia tus
Ministerios
de balizas entonando navidades siniestras
pero jamás detectaron cuando ésta sangró rabiosa
como la de una mujer que recién ha parido un sacrilegio
y que escupió mi camisa recién comprada a tres cuotas
precio contado
dejando el testimonio off the record
del infame patriota distinguido con escarapela Kafkiana

NÚMERO VEINTICUATRO: QUE ESTA JUNTA ANTES DE LA EJECUCIÓN SUMARIA, OTORGA LA POSIBILIDAD DE UNAS ÚLTIMAS PALABRAS Y LUEGO EL CADÁVER DEBE LANZARSE ASÍ TAL CUAL, A LA FOSA COMÚN-DENOMINADOR (LOS MÁS COLABORADORES SE PUEDEN HACER ACREEDORES DE UN REZO SUMARIO. LAS PRUEBAS CONCLUYENTES AL RESPECTO DEBEN SER PRESENTADAS POR SUS DEUDOS EN LA OFICINA CORRESPONDIENTE)

Aún guardabas esperanzas Ingrata República mía que de
mi naciera un muy estúpido y rebelde acto patriótico
Me tuviste con los ojos vendados al borde de un batallón
de fusileros ¡Todos parientes y amigos que alguna vez nos
quisimos! ¡Todos con los pedernales trémulos y
pendientes a tu encanto supremo!

Fingí temor con el sólo fin de verte satisfecha pero jamás
de mí brotó un acto patriótico estúpido y rebelde:
No sería otra vez un mártir para vivir eternamente en
bronce sumergido por el rocío mierdíztico de las palomas
y otros bicharracos
TE EXIJO UN ÚLTIMO DESEO:
Deja encender un pucho prohibido y austronáuticamente
perderme en la copia infeliz de tu edén

NÚMERO VEINTICINCO: QUE SE ESTABLECE DE MANERA DEFINITIVA QUE ACÁ EN CHILI NO OCURRIERON VIOLACIONES A LOS DERECHOS INHUMANOS, SÓLO A LOS HUMANOS.

Primero la oscuridad se presentó como un látigo
desprovisto de bondad
luego se sintió el chapoteo de una sombra en las cloacas
Me refugié en un baile en donde fui la Reina de la
Primavera
después una lluvia de alfileres cayó sobre mi menguante
veía como los días transcurrían en una ventana que dibujé
en secreto
ME LLAMABAN SU PERRA Y TENÍA QUE LADRAR PARA ELLOS

NÚMERO VEINTISÉIS: QUE QUIEN NACE O SE DICE O SE FORMA POETIZO, DEBE ABANDONAR LA REPÚBLICA CON VERSOS Y PETACAS Y EN FORMA IPSO FACTA, EN MENOS QUE CANTE EL GALLO NAZARENO.

Soy la cría destetada   el cachorro abandonado en una
caja de zapatos
el ardiente patriota que deambula en este bardo
jurisdiccional
Soy la bestia rayada que dibuja meridianos de un sólo
zarpazo
¡Rasgo el cuerpo de la República para que de ella manen
musas!
¡ESTA TIERRA SUPURA POETIZOS Y YO SOY UNO DE ELLOS!

...maldito sea el resplandor desta condecoración de latón
con musiquilla lacrimosa y pegajosa...

(MIL CARITAS TRISTES)
☹ : valen x luca

NÚMERO VEINTISIETE: QUE ESTA JUNTA RECOMIENDA GUARDAR SILENCIO. QUÉDENSE CALLAÍTOS, SE VEN MÁS BONITOS (SHHHHHT-SHHHHHT)

Se retuercen las fronteras de la Ingrata República
enloquecen con la idea de un nuevo orden
el Padre de la Patria no sabe pa donde apuntar su sable
porque los enemigos parecen surgir ahora de los astros
Germinan pueblos y ciudades que antes jamás existieron
algunos lo sabían pero fueron amordazados
aún se recuerda que en plenas Alamedas hubo
ejecuciones en masa
con miles de niños jugando al un-dos-tres momia es!!!
con miles de palomas dándole de comer a los jubilados
con miles de políticos bailando el caño en pantalla
con miles de topos centelleando bajo el asfalto
con miles de automovilistas dando vueltas y vueltas en la
rotonda zombie
con miles de hologramas que recuerdan el verde hurtado
de los parques
pero cuenta no nos dimos ¡Cuenta no nos dimos!
¡POR LA CRESTA TODOS FUIMOS SILENCIADOS!

NÚMERO VEINTIOCHO: QUE EN ESTE ACTO LA JUNTA DISCUTE QUÉ ANIMAL DEL ESCUDO NACIONAL DEBE SER EXTINTO, PARA SER REEMPLAZADO EN FORMA DEFINITIVA POR EL CHUPACABRAS.

Debemos impedir que siga creciendo más hiedra bajo las botas de nuestros próceres
volar aún encadenados sobre las pancartas y las amenazas de paro tricontinental
Muchos patriotas aún antes de que finalice este período presimonstrual
con el impulso de su frustración nacional han trepado montañas y raspacielos
¡DE SUS BRAZOS YA HAN CRECIDO PLUMILLAS QUE PRONTO SE TRANSFORMARÁN EN ALAS!
Se aprontan a sobrevolar los cielos republicanos con sus demandas
evitando que desde los miradores los derriben a dardazo somnífero

¿Cómo mantener dormido al pueblo du Chili por otros seis años más?
FÁCIL:
AL CHUPACABRAS SE LE RENUEVA EL CONTRATO POR OTRO PERÍODO PRESIMONSTRUAL

NÚMERO VEINTINUEVE: QUE SE OTORGA PERMISO TRANSITORIO PARA ESTE PERÍODO ESTIVAL A TODOS LOS HABITANTES DESTA REPÚBLICA QUE LOS PARIÓ, PARA QUE SE ENCANDILEN CON LA BELLEZA NATURAL DE NUESTRO TERRUNIO, LA MISMA QUE SE ENSEÑA EN PANTALLA DE 1973 PULGADAS CADA VEZ QUE LA JUNTA SE DIRIJE EN CADENA TRICONTINENTAL.

¿Te acuerdas acaso que fuiste la Ninfa de los Altos de
Lircay?
¿Qué procreaste atardeceres con tu alcurnia dorada?
¿Qué caminabas invisible por la majestuosidad de sus
bosques y que las aves y los animales te reverenciaban?
¿Te acuerdas que reímos buscando gemas en las pozas
del Río Claro?
¿Qué a este viajero lo nombraste tu guardián secreto
y que arrancaba las malas raíces de tus pies alados?
¡Yo te invocaba sediento en las más lejanas montañas!
¡Fuiste tú quien me enseñó que el Gran Arquitexto del
Caos
sólo tiene su domicilio comercial en los Templos y otros
embustes!
¿Te acuerdas acaso que fuiste la Ninfa de los Altos de
Lircay?

Volveré cuando llegue la Primavera

NÚMERO TREINTA: QUE ESTA JUNTA REITERA DE MANERA MAJADERA QUE ACÁ EN CHILI NO HUBO VIOLACIÓN A LOS DERECHOS INHUMANOS, SÓLO A LOS HUMANOS.

Los lamebotas pidieron perdón
los verdugos pidieron perdón
los que no nacieron pidieron perdón
los Jenerales pidieron perdón
los Aylwins y los Piñeras pidieron perdón
los Poetizos pidieron perdón
los Majistrados pidieron perdón
los sepultureros pidieron perdón
los héroes de láminas coleccionables pidieron perdón
los milicos pidieron perdón
los bosques pidieron perdón
las putas pidieron perdón
los curas pidieron perdón
los desiertos pidieron perdón
los árbitros de taca-taca pidieron perdón
los ángeles pidieron perdón
por tocar sólo una vez sus trompetas rasguñando a penas
los cielos Republicanos
y por último (con fanfarria trapecistas y vedettes
enseñando sus colas de pavo real)
el Gran Arquitexto del Caos pidió perdón en la letra chica
de un bando militar por no hacer nada mientras sus
hoteles se llenaban de indocumentados y las viudas no
sabían a qué correo enviar sus coronas de
caridadnomeolvides
BUENAS NOCHES   FELICES SUEÑOS

NÚMERO TREINTAYUNO: QUE SE DECRETA ZONA DE CATÁSTROFE TODO EL PELLEJO DESTA REPÚBLICA, DE NORTE A SUR, DEL OCÉANO A LA CORDILLERA, INCLUÍDO GLACIARES, ISLAS, FIORDOS Y CUÁNTO OTRO MENJUNJE TERRITORIAL FORME PARTE DE NOSOTROS MISMOS.

Todo se autodestruirá en cualquier momento
los bombarderos vuelan en círculo sobre tu cabeza
te cubrirán de orgasmos con olor a trigal
pero no te dejes engañar no te dejes engañar
TUS PRÓXIMOS SENTIMIENTOS NO ALCANZARÁN SIQUIERA A
ROZARLE LOS LABIOS
A veces en esta casa vacía sé que lees tus cicatrices
frente a mi espejo
y sucede que luego te conviertes en una escudilla de
espinas y relámpagos
te conviertes en un cráneo abierto y listo para ser
degustado
te conviertes en un acordeón de costillas
dispuesto a interpretar de manera incendiaria y magistral
el tango deste país abisal
te conviertes en un arsenal de recuerdos dispersos por el
piso encerado
¡No te dejes engañar no te dejes engañar!
Sabes que tarde o temprano pasa la cuenta hacer
malabares con bombas de tiempo
que los segundos metálicos desprenderán noches ¡TUS
NOCHES!
que habrá otra explosión de gárgolas otra vez en tus
cielos
que la sangre azul de tu Bolígrafo Rebelde cagará las
camisas blancas y el mandil
teñirá de pronósticos herróneos aquella humita con la que
te conocieron en esta fértil provincia
TAN   TUYA-TUYA   Y   TAN   INFEXTADA   DE   POETiZOS
PROVENIENTES DE LA SEPTUAGÉSIMA DIMENSIÓN!!!

PORQUE TODO LO QUE HUELE A VERSOS ES UN KILO DE
MIERDA DE DATA INMEMORIAL
¡No te dejes engañar, no te dejes engañar!
Arruinará la profecía infeliz del oráculo de las "Eternas
Estrellas"
desprenderá la compasión en los párpados de Benito
Parranda
revolverá con una cucharita de plata tus más íntimas
tristezas
y el poderoso truhán
tras bastidores
mientras todos te palmotean la espalda
siseará aquellos sonetos desprovistos del metabolismo de
un buen corazón
TODO SE AUTODESTRUIRÁ EN CUALQUIER MOMENTO
NO TE DEJES ENGAÑAR
NO TE DEJES ENGAÑAR

NUMERO TREINTAYDOS: QUE SE DEBE JURAR Y REJURAR FIDELIDAD ALMÁTICA Y CORPÓREA A LA REPÚBLICA QUE NOS PARIÓ A TODOS POR IGUAL.

Prometo hacer míos tus triunfos y derrotas
proteger tu vida con mi vida en cualquier desierto bosque
o glaciar
durante todos y cada uno de los días de mi vidaflixtiva
¡JURO QUE MI ESPERMA SÓLO SERVIRÁ PARA CONCEBIR
EJÉRCITOS AL SERVICIO DE TU NOMBRE!
Velaré por todos y cada uno de tus sueños quijotezcos
que respetaré cada ley promulgada y publicada aunque
ésta sea Natural
Juro evitar la fuga de estrellas a otros territorios
ser tu donante perpetuo de cualquier órgano
que te sirva para un sacrificio en el hocico de cualquier
limítrofe volcán
protegeré tus cielos desde mis cielos ante cualquier
ataque alienígena
porque te insisto –creéme- tal como dice el Comandante
Shakti Kundalini:
*"Ninguna República está libre de amanecer cubierta con
precipitaciones interplanetarias"*
JURO ANTE TI CON ESTA CORDILLERA Y ESTE OCÉANO QUE
SIRVEN DE TESTIGOS CONTESTES
que te amaré como lo hace el hijo pródigo con sus padres
porque créeme: el rebelde siempre vuelve a casa
aunque ocupe como excusa que se olvidó de cerrar la
llave del gas
¡JURO ANTE TI INGRATA REPÚBLICA MÍA
QUE ESTE ARDIENTE PATRIOTA SIEMPRE SERÁ TUYO-TUYO!
VIVA CHILI, MIERDA!!!

EPÍLOGO DE LA INGRATA REPÚBLICA

No hay esperanzas en Santiago du Chili, porque la misma ciudad el alma te devora y por un alma que devora, vuela sobre sus cielos una gris paloma [Una noche en Santiago du Chili --*mientras todos dormían*-- un mendigo fue devorado como si fuese una miga de pan por el aleteo de mil tristes palomas] y al devorarte el alma ya no te importa que, como certeras campanadas, las calles sean desbordadas por los campozantos. Vas de codazo en codazo, de empujón en empujón, formas parte de la orquesta pálida del trajín del día a día y entre empujón y empujón y entre codazo y codazo, declamo a media voz en cada semáforo que sangra en la otra acera, el Bando de la Ingrata República que me parió, a pecho caliente, cuando el corazón nos pesa el doble, así como si estuviese cargado de un ramillete de bombas de tiempo llenas de serpentinas y esperanzas que en el momento de su estallido, no se tiene la capacidad suficiente de entender el por qué, ni el cuándo, ni el dónde ni el cómo.

Luego fue que me quedé sin aliento, como una estatua humana esperando nada, ataviado de flash-back y trailers siniestros, de ésos que se acompañan con musiquilla incidental macabra. Decidí cubrir mi triste mirada con anteojos oscuros y seguí viviendo y seguí muriendo en Santiago du Chili, a las dos de la tarde, una hora antes del almuerzo chatarra en el Portal Fernández-Conchasumare.

***SEGUIMOS CON NUESTRAS TRANSMUTACIONES HABITUALES.
MUCHAS GRACIAS***

KILLER mía

Doxtor Bombay, así es, me vi confundido con esa weá que algunos llaman amor. No sé cómo pude caer tan fácilmente y aún lloro al recordar todo lo vivido. Acá tengo estos escritos que hice cuando estuve en ese cautiverio de lujuria y soledad y no se ría Doxtor, pero si usted me permite, me gustaría recitárselos antes de lanzarlos a la hoguera de esa extraña lámpara de pie en donde Juana de Arco se frota las tetas en forma grotesca. Me permite, Doxtor? Y entienda, no soy poetizo ni nada por el estilo, pero cuando a uno le llega fuerte el asuntito, tiene que expresarlo. Acá van.

A todos aquellos que alguna vez han estado empotados.

¿y tu Dulcinea, dónde estás? Que tu amor no es fácil de encontrar. Quise ver tu cara en cada mujer, tantas veces yo soñé que soñaba tu querer...

10:20 pm

SÍ, ES LA QUE CANTA EL JULIO IGLESIAS, "QUIJOTE". AL FINAL TODOS SOMOS ESO E INCONCIENTEMENTE BUSCAMOS MORIR BAJO LA AXILA DE ESA WEÁ QUE ALGUNOS LLAMAN AMOR, POR MUY NEGRO CALIXTO QUE NOS VENDAMOS EN ESTA TIERRA DE LÁGRIMAS.

ESTE ES EL PRIMERO, DOXTOR, NO TIENE NOMBRE.

Me pierdo en la indescifrable y tangencial manera de tu amar
sólo requiero de tu seña para anexar tus demonios a los míos
pero aún así debes entender que lo que un estepario anhela
no se revela en el primer encuentro
Han de transcurrir otras tantas noches como ésta:
Tu acabar herida en mi camastro
para que entiendas esa extraña idea que cargo
de que los astros sudan azares y aciertos
mientras nos dejamos dominar por tanto cariño deletreado
De a poco me sentiré un forastero en mi propio cuerpo
y sentiré toda esa templanza de no tenerte conmigo
y sentiré toda esa condena de pertenecerte infinito
y llegará la noche en que tendrás el poder suficiente el designio preciso

para interpretar las llamas que consumen a la creatura
oscura
ésa que dormita cada vez que espero saciarme con otro
de tus besos
y será la misma noche en que sienta tu llamado de auxilio
para brindarte la extremaunción en mis brazos
y confuso extenderé mi aullido estepario
con este pecho lleno de primaveras y olvidos
que sin mi consentimiento habrás sembrado

10:26 pm
LE GUSTÓ EL PRIMERO, DOXTOR? SI, MEDIO MAMÓN, ES LO QUE HAY. A VER ESTE OTRO....TAMPOCO TIENE NOMBRE.

Fueron doce tigres blancos los que iniciaron tu búsqueda
se desplegaron por la maleza formando abanicos
rasguñaron tu cartera olfatearon tus calzones
sorbieron la humedad de tu pálpito uterino
rugieron tu nombre al compás de los ahoras
devoraron cada falsa pista expiada por tu habitación
cazaron haciendo caso omiso a tus desperdigados
sufrires
bordearon los confines de tu memoria
construyeron puentes colgantes para cruzar tus
reglamentadas ausencias
e inocentes saltaron sobre tu noche más oscura

10:30 pm
¿QUE ESO DE LOS TIGRES BLANCOS LE RECORDÓ SUS ZAFARIS POR TUNGUNTÚ? ALGÚN DÍA ME CONTARÁ DE ESO. AHORA ÉSTE, SE LLAMA "FUERZA PÚBLICA PARA EMBARGO"

Fue el tiempo quien embargó mi estrella y la pintó de esperas y rapó a la bestia
y ahí quedó con su futuro esplendor dando tumbos en la niebla

Fue el tiempo quien embargó mi estrella
quedó ahí oxidándose en una casa de martillo con fecha de remate para quién sabe cuándo

Es mejor no olvidar que luminosos fuimos
porque algún día retornaremos al estado de fulgor perpetuo
y mientras tanto no es bueno llevar una dieta de carbohidratos y cadáveres
de ésos que descongelamos con el calor de otros cuerpos
Tampoco es bueno dejar que nuestros ojos transiten
fornicando en planetas y camastros ciberespaciales

"Fue el tiempo quien embargó tu estrella"
-me revelaron los Sabios de Ur al compás de un Ron Purgatorio-
por eso comprendí el por qué la carne de luceros extintos se apropiaron de mis avenidas

Luego -no sé cómo-
me cubrí de meridianos y soñé con otros avatares y
extensos olvidos
y mi cerebro fue taladrado por recuerdos de otra vida
y pernocté en las caballerizas para protocolizar la huida
de la Principezza
e inventé maquinarias que funcionaban con palancas y
otras mentiras

10:35 pm

A FIN DE CUENTAS SIGO SIENDO EL MISMO QUILTRO QUE VUELVE A
SU CARNICERÍA FAVORITA

10:52 pm

SÍ, DOXTOR, UNO COMETE MUCHOS HERRORES, PERO A LO HECHO-PECHO Y A SEGUIR RESPIRANDO Y FOLLANDO NO MÁS, NO NOS QUEDA OTRA. NOSOTROS, LOS POBREDIABLOS, LLEVAMOS EN NUESTRO A-D-N UNA HILACHA BESTIAL QUE ES DIFÍCIL DESCONOCER.

¡Mátame de una vez por todas para que seas feliz!
Y ahí quedé solo y todo lloroso en medio de la tormenta
sin un puto paraguas para detener el tiempo

10:55 pm
NO LE NIEGO QUE A VECES LA RECUERDO.....ESTE SE LLAMA "DE MODERNAS TEORÍAS SOBRE TU MISERIA"

De tempestades extremas
de un sordo mecanismo en mi reloj de bolsillo
tus ojos no son más que un conjuro pronunciado por otras
bocas
busco el calor de los parques
como quien intenta retornar al útero de su Gran Mami

10:59 pm
NO SÉ...TIENE ALGO QUE ME GUSTA. A VER...ESTE...SE LLAMA "TXT", AHÍ ENTENDERÁ POR QUÉ.

Que se están saldando todas las deudas
no quedará ninguna cuota impaga
porque las repactaciones alargan la agonía
es un engaño a plazo diferido
sólo das vueltas en tu cama
transcurren tus días los torpes días
tan torpes como el salón de clases
que repite los tiempos verbales del desamor
HAZLO
Revisa el último mensaje de TXT de tu celular y elimínalo
CRÉEME:
Es lo más sano lo más sano

11:03 pm
TIENE RAZÓN, TÍPICO DE UNA SAYKO-KILLER. ESA NOCHE ME LLEGARON 50 TXT, AUNQUE USTED NO LO CREA, JAJAJAJA. ESTE OTRO SE LLAMA "BLANCANIEVES"

El veneno comienza a rendir sus frutos
veo por fin que sus labios cobran la tonalidad de los suicidas

Huyó por los bosques siendo la más bella
rodó en cámara lenta con la manzana mordida

11:08 pm
ESTÁ PIOLA, SÍ. A VER ESTE OTRO.....SE LLAMA "A FIN DE CUENTAS"

A fin de cuentas no somos más que un puñado de extravíos
por eso se rinde el quiltro en medio de la autopista
por eso se ahoga el delincuente en la sangre de otro
por eso intenté muchas veces limpiar mi sombra de la guía de teléfonos
y más de alguna vez memoricé tus lunares para volver a tu camastro
Eso pensé cuando me vine de hocico en el asfalto
y recordé tus alas
recordé cómo brotaban sudorosas de tu espalda
cada vez que me envolvías
en esas noches en que nada se sabe y en que todo se ama

11: 15 pm

HACE MAL TODO ESTO, DOXTOR. UNO TIENE ESA MANÍA DE ESCRIBIR Y NO QUEMAR INMEDIATAMENTE. ¡MIRE COMO ARDE JUANA DE ARCO, ES PRECIOSO! SIGAMOS QUEMANDO... ESTE SÓLO TIENE ANOTADO UN AÑO: EL DOSMILPARASIEMPRE.

El arcano más brutal reclamó posesión de tu cuerpo
por eso te ató con furia
con un sol que jamás se atrevió a lamer los restos
febriles de tu alma
y pudo en un fragmento tenerte muerta y de costado
...dancé contigo en el que creí sería nuestra última lujuria

11:22 pm
NO SÉ POR QUÉ RECUERDO ESE LIBRITO DE CABECERA SUYO, DOXTOR BOMBAY, ESE DE AUTOAYUDA, EL DE GERARDO ANTORCHA, "DEJA QUE EL ALMA, ARDA". SIGAMOS CON ÉSTE, DOXTOR, TENGO QUE QUEMAR TODO ESTO PARA PODER AMAR EN FORMA LIMPIA A LA VERDADERA. ESTE SE LLAMA "REMEMBER"

Era tarde
una vieja conjugación se asomó de cuerpo entero
los árboles parecían arrancarlos con tiranía
fosas comunes zurcían la línea del corazón
¡el verbo que nos inculcaron se rendía de rodillas!
Así quedamos:
Desnudos   hambrientos y cobardes
Ya no existía manera de que mañana me recordarías

11: 34 pm
SIEMPRE TUVO RAZÓN USTED, DOXTOR BOMBAY, POR ESO LLORO, PORQUE ES MEJOR NO ESCRIBIR NADA, ME ENTIENDE? HAY QUE QUEMAR TODO Y NO OTORGARLE A NADIE LA POSIBILIDAD DE CONOCER TU ALMA, PORQUE ES LO ÚNICO DE LO QUE PODEMOS JACTARNOS A NUESTRAS ANCHAS.
DEJAMOS LA BOTELLA ACÁ, EN ESTA TIERRA DE LÁGRIMAS Y VOLVEMOS SIN RETORNO AL GRAN ARQUITEXTO DEL CAOS.
SIGAMOS, QUEDAN POCOS... ESTE SE LLAMA LA "HORA DIEZ"

Me quiero condenar a ti
por eso hago trampa y me desato del barco de Ulises para
que me devores con tu canto de sirena
Quiero morir reproduciendo el ritmo frenético y primitivo
del amor en los espejos de tus creadores
que en cualquier momento nos sepultarán para vivir
juntos y trizados y dormir ensangrentados el uno al otro
como dos santos exhaustos e insaciables
 piel con piel

11: 45 pm

LEO Y RELEO ESTE, DOXTOR BOMBAY Y SE ME AGITA LA SANGRE, PORQUE RECUERDO EL MOMENTO EXACTO EN EL QUE LO ESCRIBÍ. ELLA BAJÓ A ATENDER EL TELÉFONO, YO PESQUÉ UNA HOJA CUALQUIERA Y LO ESCRIBÍ AL TOQUE. LO ESCONDÍ EN LA CAJITA DE CONDONES Y ME HICE EL LOCO.

Las perversiones son pan nuestro de cada noche
y los gemidos ya no hablan de luceros en el firmamento
sólo cauterizamos la insolente necedad de perpetuarnos
en el barro
TE NOMBRO MI PUTA   RECONOCES A TU LOBO

11: 48 pm
¡SI SÉ QUE TIENE QUE ATENDER A UN POBREDIABLO! ME QUEDAN ESTOS POCOS. ESTE, PRECISAMENTE, SE LLAMA "THE END"

Huimos como bestias que huelen lo inmemorial
por kilómetros de cielo que ajenos nos cubrían
por eso nuestros zapatos buscamos torpes por nuestra
habitación
y cada vez que te acercabas
algo
en
mí
se
m
o
r
í
a

11: 51 pm
ESTE NO TIENE NOMBRE.

Corrías destemplada tras un sueño que no te pertenecía
con trémulos artefactos mordiendo tus tobillos
con un horizonte de vándalos dispuestos a rendirte sus
vidas
pero tu
cruel promesa de un lobo solitario
empeñaste tus zafiros a quien no te merecía

11: 57 pm

...DE REPENTE UNO TIENE COMO PEGADOS CIERTOS CONCEPTOS, HASTA USTED MISMO DOXTOR BOMBAY. AÚN NO ENTIENDO ESO DE QUE ESCUPE TRES VECES POR EL HOMBRO IZQUIERDO, JAJAJAJA. BUENO....SIGAMOS, DOX.

No se pueden mezclar mariposas nocturnas con horizontes ni éstos se pueden mezclar con encantamientos y ni estos últimos jamás podría intentar hacerlos calzar con tu nombre porque es incorrecto porque tú y yo volvimos a la vida

Por eso no es bueno mezclar el vuelo de mis mariposas con tus horizontes ni éstos con esos encantamientos que ambos preparamos para enloquecernos mutuamente porque en este universo que nos creamos nadie nos conoce por el nombre con el cual fuimos sumergidos en la pileta bautismal del malamor

12:00 am
ESTE SE LLAMA "BESTIAL"

Hubo un segundo en que no supiste si huir conmigo o huir
de mí
te sentí como una bestia ensimismada en sus bosques
y por más que brillara mi herida
no eras capaz de reconocerla como tuya

12:06 am

YA DOXTOR, SÉ QUE LO ESTOY LATEANDO CON ESTO DE MIS ESCRITOS, PERO NECESITABA HACERLO Y SENTIRME ASESORADO POR UN PROFESIONAL DE LA MEDICINA ULTRAMEGALTERNATIVA. A PROPÓSITO... CUÁNDO SALE SU LIBRO? AÚN NO SABE? EN EL AÑO DE LA GRAN CALLAMPA PURPÚREA? UFFFFFF, QUEDA HARTAZO........BUENO, ESTE ES EL ÚLTIMO, EL MÁS EXTENSO DE TODOS. DEME UN SORBITO DE RON PURGATORIO, POR FAVOR, NECESITO FUERZAS... ACÁ VA...

Santiago anatómico y subterráneo y miserable
y yo
penitente absoluto
alma desgajada al mediodía por esa soledad que se respira en el tráfico
en lo más oscuro de un cine triple-equis
en las diosas de neón ofreciendo un traguito en las tinieblas
en los avisos publicitarios que mudan de alma entera
en el espectro de los amantes apocalípticos
esos amantes que ruedan y ruedan a ras del pastito otoñal del Forestal
en el rostro trizado del Crizto de Mayo pidiendo limosna a los pies de la Catedral de Santiago du Chili

la misma que parece que tiene en sus cielos naves
dispuestas a enjuiciar otros amantes
y en el jaque-matte que me hiciste y me hizo cuestionar
mi estúpida manera de amar
y por esta razón te exhorto Diosa Mía y sin pronta
resurrexión
porque así comienza este canto que en mis silencios se
escribe
en los prófugos jadeos en los intestinos del Babilonia-
Center
a la espera de una moneda para que las estatuas brinden
por tu ausencia
y los artistas sigan estrujando sus tizas de colores en el
asfalto
para sanar tu herida que parece que jamás dejará de
sangrar
Quizás por eso visualizo riachuelos de tu aflicción
por cada calle transitada por el aliento de nuestra
historia
y beben de ellos sacando sus lenguas lechosas
las mismas putas que hace un momento
me convidaban a apaciguar mi dolor en sus tetazas
los oficinistas que esperan el horario de colación
para obtener un poco de amor transitorio y urgente
y más de algún mendigo bebe de ellos para refrescarse al
menos
con un poco del mal concepto de tu amor
Ser poseídos todos y cada uno de nosotros por ese calor
tuyo
tan propio de las divinidades que contonean sus caderas

desparramando estrellas alucinógenas en nuestra jurisdicción
Diosa Mía y sin pronta resurrexión
el zuácate estival y pendenciero en mi pecho abierto
el desgarro letal en el regazo de tu Olimpo
tus caricias dejan la fragancia de la carroza fúnebre sin destino conocido
así tal cual quedas tu como una cruz de latón azotada por el desierto

TU TAN OXIDADA
TU TAN RESISTENTE
TU TAN OLVIDADA...
así comienza este canto
escrito en este silencio de hombre resignado siempre a perderlo todo
porque contigo también vi la destrucción de mis altares y catedrales
Por eso ando con un ejército de gárgolas custodiando mi existencia
para protegerme por fin de tu recuerdo
Muestran sus garras
gruñen descaradas cada vez que intentas profanar mi cuerpo
¡Reclamas Diosa Mía
cada trozo de mi piel como tuyo-tuyo!
Conoces el punto exacto donde lanzar tu flecha dorada
esta carne siempre dispuesta a ceder a tu idiolatría infinita
y yo ya no quiero idiolatrarte más

estoy cansado
cansado de venerarte a media luz
y con pronta sanción por sembrar otra vez
en la palma de mi mano lo que tu recuerdo provoca
....alguna vez te ofrendé mi luz
deposité un poco de ella

-LITÚRGICAMENTE CADA NOCHE-
ese rayo cálido en tus entrañas

Diosa Mía y sin pronta resurrexión posible
hay cosas que tu mente perversa no logra entender deste
mortal
y este no es el canto preciso para revelártelo
sólo debes entender que seguiré recorriendo desiertos
con ese azote de poesía que dejaste naufragando en mis
venas
ESTE ES MI ÚLTIMO CANTO
ESTE ES MI ÚLTIMO ACORDE
ESTE ES EL ÚLTIMO ARPEGIO
de que un hombre bueno te amó con la vehemencia
que demuestra un siervo dispuesto a olvidarlo todo

¡NO INVOQUES MI NOMBRE, NO DELIRES OTRA VEZ CON MI
PÁLPITO!
Haz de resucitar en otros brazos
En otros besos
En otras plegarias
....ya no en mis brazos
Ya no en mis besos

Ya no en mis plegarias

Caminaré por los desiertos
así tal cual me conociste
Me enterraré en el viento
seré sólo ese susurro que anidó en tu oído
cada vez que de costado parecías implorar mis azotes

NO ME INVOQUES
NO ME DELIRES
estoy en estos momentos cruzando otros desiertos

12:30 am

ESTE ES UNA VOLÁ MÍA ...ES QUE A FIN DE CUENTAS, USTED TIENE RAZÓN: CUANDO UNO SIENTE LOS PRIMEROS SÍNTOMAS DE ESA WEÁ QUE ALGUNOS LLAMAN AMOR, DEBE HUÍR, AUNQUE A UNO LO TILDEN DE "NIÑITA".

Por eso agarro del pescuezo mi corazó webeta y lo exhibo
al hocico mismo del precipicio y digo todo solemne y frío,
lo siguiente:

¡Oh Gran Arquitexto del Caos!
picotea estestúpido corazón webeta
lleno de cronopios soplos y epitafios
Quítale su esmalte purpúreo
y déjalo ahí   turulato
con una titánika sangría
así como la que Prometeo mantenía
con el sólo y estúpido deseo
de amanecer cubierto de montañas frescas
Déjalo ahí no más   déjalo que construya
romántikos hilillos que no llevan a nada

No quites el lente de tu Polaroid Halkónica:
Debes inmortalizar cómo resucita
y se desprende de sus ropajes inmaculiados
para entregarse otra vez
como un puto destello que se pierde
en el oscuro derrotero de una killer

12:59 AM
NO HAY MÁS TEXTOS DOXTOR BOMBAY, TODOS ARDEN EN ESA LÁMPARA DE PIE EN QUE JUANA DE ARCO AHORA IMPLORA UN POCO DEL MANTO ZAGRADO DE LA ZANTA PATRONA, LA VÍRGEN SUPERESTAR, LA MADRE INMACULADA.
TODO ARDE, DOXTOR BOMBAY, TODO ARDE COMO SE MERECE, POR ESO LLORO, DOXTOR BOMBAY, POR ESO LLORO.

Porque a veces sobrevuelo sobre estas tierras para reírme de mi, de esa estupidez que a veces me nace para retroceder tres saltos temporales para enmendar lo que no se puede enmendar, para perdonar lo que no se puede perdonar, para amar a quien no se debe amar. Porque a veces se cree llorar, se cree temer, se cree perder aquello de lo cual el Gran Arquitexto del Caos quitó de nuestros caminos para que cumplamos el plan maestro, en el cual (sin darnos cuenta) todos estamos involucrados.

Quizás ni sepas que estás en mis plegarias, le dije guiñándole un ojo y luego lamiendo sus pezones como un quiltro sediento de calor y ella rió luminosa y me dijo que no me imaginaba ingresando a una iglesia, pero que agradecía la manera que tenía de levantarle el ánimo en esa noche de Diciembre en que las guirnaldas y las lucecitas navideñas sólo traen tristezas.

Encendí un pucho-asesino-click y con él, en la oscuridad de la habitación, encendí otra vez sus heridas, con el fin de calmarlas y reírnos de nosotros mismos y fundirnos el uno al otro, hasta la segunda venida del Crizto Cruzificado. ¿Y si nos pilla así, como estamos ahora? —le dije deteniéndome en plena faena amatoria— Ella me quedó mirando extrañada y le dije riéndome que ya había encontrado la respuesta, porque si nos pilla así, a potopé, el Crizto se arremangará su túnica celestial y nos lanzará agua caliente para que nos despeguemos el uno del otro y así puedas irte con él a mantener el orden universal y yo vuelva a mi lugar de origen: el infierno.

PASEO OTOÑAL

1.-PARÁLISIS DE BELL

Bestial rasguño estas páginas
con este constante hormigueo en el hemisferioscuro
un barullo de constelaciones incendiarias
el gargajo de Caín sobre mi rostro
porque el dolor jamás dejó de existir como así lo quería
siempre estuvo goteando y carraspeando por ahí
como un televisor con chubascos intermitentes en una
sala de espera
siempre oculto en un montón de días felices...

2.- LUZ, CÁMERADEATH Y ACCIÓN!!!

Después de un extenso casting
son mis muertos particulares
los que han obtenido los protagónicos
de mi primera película de amor y desolación
Por eso festivos se maquillan en la orilla del Lepe
y cuelgan trozos de piel alucinada en todo su esqueleto
y sus pelucas las decoran con mariposas nocturnas
¡Las clavan con alfileres formando corolas de otro jardín!
y ensayan los parlamentos
sentados sobre las vigas aéreas de la Hacienda de la Tía
Eulalia
en una sobrecogedora primavera gutural.

3.-ENGENDRO DIVINO

PRIMER ALIENTO

Soy el engendro divino
quien desmembró la figura paterna y la devoró en penitencia
quien lloró en forma demoniaca en el monte de los olvidos
quien encabritó de luces los vientres de las elegidas
quien reunió exorbitantes ejércitos de mi bien y de mi mal
quien hipnotizó serpientes ante una chusma ignorante y esperanzada
quien alimentó a los mitómanos y los libertó para dar orden al caos establecido
quien en vano intentó purificarse con el beso melancólico de cualquier ocaso
quien de manera industrial produjo oraciones para otorgar más desconsuelo a los perdidos
quien en la demencia se apropió de discursos rubricados por voces ya muertas
quien derrotó su verbo y lo fulminó con alegatos imperecederos
y ahora quiero morir en los brazos de cualquier árbol
bañarme con la sabia de un licor prohibido
por eso olfateo los cementerios con esta maldición rimbombante
y caigo crucificado en las telarañas de lo no escrito
así como un cuerpo dado en prenda hasta que llegue mi redención.

SEGUNDO ALIENTO

Mientras espero mi redención he pensado en lo que he
sido
en esa manía abismática de sentirme periférico
en esa osadía intermitente de sentirme otro elegido
por eso sumerjo mi palabra y me bautizo con sangre de
lobo
y dejo que corra alegre por este cuerpo siempre desleal
y profano
Por eso rajo bruscamente cada trozo de mi piel
así como se sanciona el monje en una celda en llamas

TERCER ALIENTO

Mientras espero mi redención pienso en mi madre
ausente
embrionariamente intento recordar
la canción de cuna que logró calmar mis divinas pesadillas
pero no doy con la nota crucial
¡no soy la nota crucial!
 sólo escucho un piano ortodoxo que brota extranjero

CUARTO ALIENTO

A veces presiento que jamás encontraré la redención
por más que me acurruque dentro desta polis de la cual
ignoro su escudo de armas
En esta oscuridad me huelo los dedos e intento reconocer
el néctar que brota de mí
Siento su vida
lo lamo
lo trago
eterno
todo
lo
mío
vuelve
a
mí

QUINTO ALIENTO

Alguien me habló de planetas que esperaban mi rendición
pero le aclaré que aún no me he vestido con tierra fresca
por ello no existe constelación que me reciba
ni carro de fuego estacionado en mi nicho temporal
Ese alguien me dijo otro día que esculpen mi nombre
maldito
y lloré ante él de manera sobreactuada a mis cuarenta
lustros
La enciclopedia de los cielos se arrebató en mi memoria
así como el estornudo fatal del telón de fondo en un solo
acto
así como el gemido amatorio de una musa de Botero

SEXTO ALIENTO

Hablé de olas conmigo mismo
de huellas con las cuales pinté bosques y playas
¡Es cosa de mirar por las ventanas y entender el ciclo de
los pájaros!
tuercas y minuteros rondan a veces mi memoria
Por eso me dije embrionario:
Nada es para siempre
los planetas que me esperan se secarán en el espacio
si no coimeo al verdugo para acelerar mi tercer y último
acto

SÉPTIMO ALIENTO

Permanezco en silencio episcopal
así como un sueño pulverizado en una sentencia
televisada
así como un sarcófago arrancado de las entrañas de la
vida
así como un Crusoe eyaculando esperanzas en una
tempestad
...así permanezco yo

OCTAVO ALIENTO

Me intento asfixiar con el aliento de los ángeles
pero de sus palabras me enamoro
creo en ellas tal como lo hizo la virgen que se deshojó por
amor

NOVENO ALIENTO

Luego siento infiernos y sé que llegué a mi hogar...
Jamás moriré en los brazos de un árbol cualquiera
¡jamás mi salvación llegará!
Seré el engendro divino inmortalizado en un graffiti
secular

DÉCIMO Y ÚLTIMO ALIENTO

La prisa de la muerte es lenta y dolorosa
danza aún el escorpión por mi costado indefenso
¡No me puedo desprender desta tristeza otoñal!
Callo

EPÍLOGO DEL ENGENDRO DIVINO

Callo
para no germinar en otro vientre
¡No existirá ciencia que logre retornar mi estirpe!
Conmigo muere este otoño
¡Cubrirán mis demencias la monstruosidad de los parques!
Me pregunto:
¿Hasta cuándo el otoño gritará que liberten a Barrabás?

Me pregunto:
¿Quién le dijo al Otoño que podía orquestar los atardeceres?
Los parques son una amenaza de caminatas bajo el calor de las hojas
Presiento más infiernos para los que alguna vez fuimos amantes
Callo

4.- <u>MENSAJES DE TXT</u>

<u>Mensaje enviado hoy 15 de Mayo a las 15:30 pm del dosmilsiempre</u>
Temporada Otoño-Invierno

Un suicida cuelga hermoso del cielo

El desamor cubre los parques

Mi inmortalidad fluye por estos atardeceres

A penas se vislumbra mi risa
por culpa de los muchos semáforos que sangran a mi
alrededor

<u>Mensaje enviado hoy 16 de Mayo a las 2:53am del año dosmilsiempre</u>

Recuerdo mi resurrección en el dorado de tus cabellos
tus zapatos deambulando por la otra habitación

Ni tu ni yo supimos desatarnos

Recuerdo que éramos electromagnéticos

Manda fruta
La Tía Eulalia estable en su agonía

Prometo escribir más largo

<u>Mensaje enviado hoy el 17 de Mayo a las 5:43 pm del año dosmilsiempre</u>

Ayer un mendigo me detuvo en el Parque de los Reyes decapitados
me preguntó que dónde podía comprar una cruz para apoyar sus manos agujereadas
así descubrí quiénes son los culpables
de teñir las hojas de los árboles en este otoño infernal

PD: No te envié mensaje ayer porque me quedé sin saldo
☹

<u>Mensaje enviado el 18 de Mayo a las 1:52 am del año Dosmilsiempre</u>

No sé por qué toda la gente prefiere morir en un sueño
¿Qué acaso no están enterados que estamos todos soñando?
¿Te tinca que nos conectemos a esta hora mañana por cam?
Me gustaría que me mostraras lo tuyo para yo mostrarte lo mío
Beso con alevosía

5.- HE PECADO DE RAÍZ

He pecado de raíz   de obra y de omisión
y los arrepentimientos surgen siempre a la misma hora
cuando el gallo hace gárgaras de amanecer para afinar la
traición
La agonía te devora en ese lapsus eterno
el cielo y el infierno debaten en los Templos anónimos de
Ur
y a la Defensoría Tricontinental le sangran las manos
cada vez que intenta refugiarse en un Cruzifijo Alta
Redenzión

6.- HE DECIDIDO INCINERAR

He decidido incinerar aquellas guirnaldas de glorias
pasadas
para no confundir aquellas con las nuevas tareas heroicas
Ya rescaté Principezzas de habitaciones oscuras
otros tantos deseos cumplí en ciudadelas que ya no
existen
Me senté en las ruinas de un Gargolario
para rebautizar mis armas sagradas
Me cambié el nombre ante los ojos incrédulos del Gran
Arquitexto del Caos
 y me interné solo —completamente solo-
en las fauces del nuevo día
 con demonios más fuertes que los de antaño mordiendo
mis tobillos
mas nada me importó ya no creo en conjuros
aún conservo mi tristeza que me recuerda la estrella de
la que provengo
y de ella no me desmembraré jamás
¡Jamás!

Callo

7.-NADA PUEDE PERTURBAR

Nada puede perturbar la indolente marcha de mis horas
ni siquiera las risas pregrabadas de un estelar de
televisión
ni siquiera tus manos dando el calor que algunas noches
se extraña
ni siquiera el otoño que sigue acumulándose en mi
corazón
Hay veces que esta casa parece una estación de trenes
abandonada
y marchito permanezco esperando la redención
envuelto en un conjuro de sábanas y frazadas
y en ellos resiste la humedad de tu amor
Nada puede perturbar la indolente marcha de mis horas

8.-LOS POETiZOS VOLARON

Los poetizos volaron hasta el cableado eléctrico para devorar al próximo de los suyos
los poderosos se seguían limpiando el culo con rupias de papel bruñidos en cobre
las putas seguían brindando exorcismos en las esquinas
los abogados seguían libertando satanáses con cara de yo no fui
los notarios seguían rubricando salidas al país de los sueños
los curas seguían masturbándose sobre el manto Zagrado de la Zanta Patrona de los Menesterosos
...mientras tanto este mundo seguía rodando sobre una mesa de billar...

Patricio Fernández Muñoz

9.- PASEO DOMINICAL

Parecemos velatorios en el césped de Mayo
los parques son testigos de mi respiración en tus cabellos
cerramos los ojos para mirarnos hacia dentro
así tomados de la mano en un arpegio de otro mundo
Esperamos agonizarnos cuando queme la tarde
buscaremos la manera sutil de tener sexo entre las hojas
caídas
entre los globos de colores y los niños jugando por ahí
NADA ME IMPORTA MÁS QUE POSEERTE ESTA TARDE MÍA

10- ES TIEMPO DE AJUSTES

Es tiempo de ajustes
de cartas climatológicas
de poesía en las cloacas
de chequeos médicos y otras palpitaciones
de declamaciones en el tráfico
de alegatos indestruxtibles
de radiografías almáticas
de renuncias ideológicas
de interposición de recursos interestelares
de aislamientos radioaxtivos
de reencantos con la ciencia con el Crizto y tu perdón

11.- RECUERDO OTOÑAL

El Gran Papi odiaba las tardes otoñales, se sentaba en el patio a fumar sus Windsor con ese caballo que galopaba en su cajetilla dorada. Yo me divertía subiéndome al tejado. Me quedaba ahí con el vértigo de un danzarín fatal. Desde el techo de la casa palpaba el temor de la dictadura, pero me hacía el leso, prefería sentir temor porque una nave interplanetaria me llevara y me exhibiera como un bicharraco por los circos de otras galaxias. Prefería sentir temor por la adivina y su extraño juego de cartas. Sacaba de su cartera, envuelto en un paño rojo esos naipes enormes y me explicaba algo del ciclo y el infinito y la evolución de cada ser humano y ella me decía que yo ardería siempre y me sentaba en sus vestidos y me acariciaba no como lo hacía la Gran Mami.

—Eso que sientes duro ahí —me decía-es lo que a los hombres grandes lo hacen cometer herrores.

—¡¡¡No toque a mi elefantito!!! —le decía- y ella se reía, tomaba su cartera, me desordenaba los cabellos, me compraba un helado y me dejaba libre por los parques.

El Gran Papi odiaba las tardes otoñales y yo no entendía por qué perdía la vista en el parrón. Luego, con el pie, escarbaba la tierra y murmuraba algo que no entendía. Debo confesar que siempre quise tener oído supersónico para saber qué le decía a la tierra.

Una vez convencí a mis amigos para que llegáramos a China y todos juntos, con lo que teníamos a mano, nos pusimos a cavar como condenados. Pasamos toda la tarde en eso, hasta que nuestras Grandes Mamis nos buscaban para la once. Así se pasaban los días, en el techo de la casa, en los parques, en las calles, buscando qué hacer, viendo cómo las niñas saltaban la cuerda o tiraban el tejo en una nave espacial dibujada con tiza en el asfalto. Ahora que recuerdo, alguna vez tuve temor de que una nave extraterrestre llevara a la gente que yo quería y la usara para un experimento o que aparecieran vampiros o muertos vivientes y yo me transformara en uno de ellos. No podía conciliar el sueño y por eso, en las noches, abrazaba muy fuerte a la Gran Mami y le pedía que me contara historias del desierto. Tarde tras tarde, la esperaba ahí, en la reja de la casa, para correr hacia ella cada vez que llegaba de la Escuela. Corría alegre en la oscuridad de las calles y la llenaba de besos y le tomaba la mano y le contaba lo que había hecho en el día. Ella tenía ese olor a ángel y no entendía por qué tenía que esconder sus alas. Todo era Otoño.

Biografía

P atricio Fernández Muñoz. Abogado, escritor y declamador. Surcó varias vidas y tuvo la insolencia de volver a reencarnarse en esta misma República, en Santiago, el año 1973, a dos meses del charchazo militar. Estudió Derecho lo que dura una pena aflixtiva y finalmente juró el año 2013. El año 2010 lanzó su primer libro de poesía llamado "Ron Purgatorio y otros brebajes" y deambuló por todos los bares, escenarios y otros lugares arrabaleros declamando sus poemas etílicos vestido a la usanza de la Cantina de los Penitentes. El ciclo de aquél libro lo cerró cuando fue ganador en el primer Slam Poetry Chili, el año 2013, con dos textos pertenecientes a ese libro. Actualmente se encuentra afinando su tercer libro llamado "La Botika del Doxtor Bombay" y preparándose para hacer una gira tricontinental para enseñar el libro que usted tiene en sus manos.

Índice

www.ingramcontent.com/pod-product-compliance
Lightning Source LLC
Chambersburg PA
CBHW060757050426
42449CB00008B/1429